SEM & SEO FACILE

Bissi Marco

Dedicato a tutte quelle persone che come te e me non smettono mai di migliorarsi e che cercano sempre nuovi fonti di conoscenza.

Introduzione

Essere imprenditori oggi vuole dire conoscere anche, e soprattutto, le potenzialità che Google ci offre. Ovviamente per la maggior parte di noi questo rappresenta un ostacolo.

Anche se ci sono professionisti specializzati nel posizionamento dei siti e nella ricerca delle giuste parole chiave, utili a raggiungere i potenziali clienti a minori costi possibili, l'imprenditore di oggi deve conoscere questi sistemi di marketing, e questo e' un MUST.

Il punto e' che per conoscere queste preziose informazioni occorre fare dei corsi specifici che richiedono rilevanti esborsi finanziari e di tempo.

Quando io ho iniziato ad interessarmi a questo argomento non sapevo niente di niente, nessuno mi ha insegnato nulla, ho di volta in volta imparato a mie spese, le basi di queste modalità di marketing. Non conoscevo neppure la differenza tra un blog, sito web e tantomeno il significato di landing page.

Così ho iniziato a studiare, mi sono imbattuto in blog molto specifici che spiegavano in maniera altamente specialistica dei concetti isolati e scollegato tra loro, ho acquistato libri sia di SEM che di SEO, ma anch'essi erano o molto specifici o molto manualistici per il mio livello da neofita, poi ho acquistato corsi online americani, ma anche li' ho trovato che davano per scontato che il fruitore conoscesse il significato keywords, metriche, ecc.

Per questo ho scritto questo libro, nella maniera nella quale avrei voluto che qualcuno la insegnasse a me, nella maniera più breve, concisa e veloce possibile, dando modo di capire nella maniera più completa possibile il sistema che sta alla base di questa rivoluzione digitale.

Lo scopo di Goolge

Prima di iniziare e' bene sapere come funzione il sistema che in questo momento e' dominato da Google. Bisogna prima di tutto capire come il principale motore di ricerca funziona, capire i concetti che ne stanno alla base.

Google nasce e prospera sul web perché e' il migliore sistema di ricerca al mondo nel trovare quello che gli utenti cercano. E' il numero uno perché e' riuscito a creare dei particolare algoritmi che permetto all'utente di trovare, su milioni di dati, ciò che cerca con un precisione maggiore rispetto alla concorrenza. Il sistema di valutazione contenuto in questi algoritmi e' segreto e viene aggiornato in modo tale che sia sempre al passo con i tempi.

Se vuoi farti trovare sul web insieme a tonnellate di materiale devi poter avere gli strumenti per poterlo fare e per farlo devi conoscere e comprendere quelli che sono i parametri che Google richiede.

Esistano due modi per poterti fare trovare sul web utilizzando Google:

1) Il primo consiste nell'impostare una campagna pubblicitaria

AdWords a pagamento (gli annunci pubblicitari sono posti in alto e di lato, evidenziati da un badge giallo con la scritta "ANN.").

2) Il secondo e' un metodo, gratuito, che si basa sulle ricerche che gli utenti svolgono sulla base delle loro intenzioni. Questo metodo viene definito "organico".

Quando fai una qualsiasi ricerca su Google ti compare una pagina con delle informazioni.

Il 30% degli annunci e' a pagamento (SEM),
Il 70% e' il risultato delle migliori ricerche che gli utenti fanno(SEO).

In sintesi in una pagina di Google il 30% del ranking e' a pagamento e il restante 70% e' organico (il modo utilizzato nel settore per dire che e' gratis).

A prescindere dal metodo utilizzato lo scopo principale dell'imprenditore e' farsi trovare in cima alla prima pagina, e lo scopo di Google e di far trovare all'utente il sito che reputa il migliore.

Ricorda: per stessa ammissione di Google essere sulla prima pagina del suo motore di ricerca vuole dire intercettare il 50% di tutto il traffico per quella determinata ricerca.

Il **SEM** si occupa di creare campagne pubblicitarie **a pagamento** in modo tale che sia possibile per l'azienda, o per il professionista, poter far trovare il proprio annuncio pubblicitario sulle pagine iniziali di Google in maniera più evidente e meno costosa possibile.

Il **SEO** si occupa di ottenere il miglior posizionamento di un sito in maniera **organica**, cercando di utilizzare gli elementi di ricerca (algoritmi che Google crea, modifica ed aggiorna continuamente) al fine di mettere a disposizione dell'utente il sito migliore.

Nel SEO il 60% e' arte e il 40% e' scienza.

Lo scopo di Google, come vedremo in seguito, consiste sempre, a prescindere che l'annuncio sia a pagamento o organico, nel fare coincidere la ricerca degli utenti con i contenuti espressi nella ricerca stessa, perché e' da questo che mantiene il successo. Maggiore e' il matching tra ricerca e risultato e maggiore e' il successo di Google.

Entrambe le soluzioni sono utili, ma una scelta può essere più adatta per uno scopo e meno per un altro e questo lo vedremo nel prosieguo di questo libro.

SEM

Introduzione al SEM

SEM e' l'acronimo di Search Engineering Marketing e corrisponde a tutte quelle tecniche che sono utili al fine di posizionare il tuo annuncio pubblicitario il più possibile nella prima pagina.

Come detto precedentemente e' fondamentale per Google fare in modo che l'utente trovi quello che cerca sul web.

Alla base di questa ricerca vi sono le cosiddette keywords (parole chiave) e sono uno dei pilastri fondamentali che regge tutto il sistema degli algoritmi sia, soprattutto, a pagamento sia nella modalità organica.

Dalla giusta scelta delle keywords dipende la possibilità sia per l'utente e sia per l'azienda di trovare quello che cerca o di farsi trovare.

Come puoi avere già capito molto dipende dalla corretta scelta delle parole chiave che un potenziale utente può inserire, ma da sola questa tecnica non basta a fare in modo che Google ti posizioni nella prima pagina, occorrono anche che vi siano degli altri fattori. Questi fattori servono per posizionarti al meglio su quella che e' chiamata ADRAnk.

L'AD Rank.

Google crea, sulla base di suoi algoritmi, una classifica dei siti denominata Rank, per questo ha generato dei Rank sia per il posizionamento con AdWords che per il posizionamento organico.

Non bastano solo le keywords per essere in alto sulla ranking, sia per l'annuncio a pagamento sia per l'annuncio organico, Google richiede anche il rispetto di altri elementi che possano essere utili all'utenza.

I principali elementi a cui Google fa riferimento sono le informazioni (content, nel gergo del marketing); migliore e' la qualità delle informazioni, originalità e corrispondenza con le ricerche dell'utente, e migliore e' il posizionamento sulla Ranking.

Nono ci e' dato sapere l'esatta formula con la quale Google definisce l'AD Rank anche perché questi algoritmi sono sempre in continuo cambiamento e evoluzione con il mutare del tempo, una plausibile formula che può essere presa con una certa veridicità può essere come quella che segue:

Formula dell'AD Rank.

Si pensa che la formula per l'ADRank possa essere espressa in questa maniera:

AD Rank = CPC x Quality Score

e che presumibilmente il "peso" degli elementi da essa composta possa essere il seguente:

- **CPC** = Cost Per Click
- **Quality Score** = CTR(40%) + HKP(25%) + RKA(15%) + CPL(15%) + ORF(5%)

Dove:
- CTR (40%) = % di click
- HKP (25%) = Performance storica delle keywords
- RKA (15%) = Rilevanza della keywords
- CPL (15%) = Content della Landing Page o della pagina web
- ORF (5%) = Altri fattori rilevanti conosciuti solo da Google.

Di seguito passiamo in rassegna a spiegare il significato di ogni singolo elemento.

CPC

(Costo Per Click)

Il CPC e' alla base di qualsiasi sistema PPC (Pay Per Click) dove paghi il costo del click ogni volta che un potenziale cliente clicca sul tuo annuncio, e solamente in caso di click, ti verra' addebitato il costo per il click.

Il CPC lo decidi tu e dipende da quanto sei disposto a pagare per l'annuncio. In genere ti viene chiesto il CPC massimo che sei disposto a pagare: infatti essendo un'asta se offri 1€, ma la seconda persona offre 0,50 € quando qualcuno clicca sul tuo annuncio tu non spendi 1€ ma 51 cent, cioè un centesimo in più rispetto all'offerta inferiore, quanto basta per superarla.

Tu inserisci il costo massimo che sei disposto a sostenere, però tendenzialmente spendi meno.

Quindi se non ci sono concorrenti paghi il minimo anche se offri 1€.

Meccanismo inverso, e "perverso", nella determinazione del CPC.

Siccome è un'asta può essere che uno sia disposto a spendere 50c pagandone comunque 11c se c'è una persone che ha offerto 10c.

Esempio, mettiamo che ci siano tre offerenti all'asta:

Uno offre 10c.

Uno offre 50c.

Uno offre 1€

quello che ha offerto 50c. paga 11c; quello che ha offerto 1€ paga 51c.

Se quello che ha offerto 50c. vuole fare concorrenza a quello che ha offerto 1€ allora offre 99c, in questo modo lui paga comunque 11c, mentre costringe quello che ha offerto 1€ a pagare 1c in più dell'offerta immediatamente sotto.

A questo punto quello che ha offerto 1€ si accorge dell'offerta a 99c e rilancia a 98c per continuare a pagare 11c (1c in più dell'offerta immediatamente sottostante) e far pagare 99c a quello che aveva ri-offerto a 99 c. (1c in più di 98c).

Questo e' una tecnica utilizzata per fare in modo di far spendere dei soldi alla concorrenza prosciugando le sue finanze molto più velocemente.

Ricorda: rimanere bassi con l'offerta CPC fa in modo di evitare di cadere in questa concorrenza.

Assumption del CPC.

1) Maggiore è il CPC che sei disposto a pagare e maggiore e' la tua posizione in classifica.

2) Maggiore e' la richiesta della parola chiave e maggiore e' il costo del click.

Ma, attenzione, non basta pagare molto per una campagna pubblicitaria per ottenere il posizionamento elevato nell'AD Rank,

Google premia anche, e soprattutto, chi fornisce informazioni utili che gli utenti cercano. Quindi fai sempre attenzione anche a tutti gli altri elementi della formula.

Un elemento utile al posizionamento nell'AD Rank e' anche l'anzianità della campagna, in sostanza, quanto più la campagna e' in essere tanto più Google la premia. Questo vuole dire anche che se stai promuovendo un prodotto stagionale o che per qualsiasi motivo vuoi organizzare la pubblicità a cicli, non ti conviene interrompere a campagna, ma bensì, tenerla in essere impostando un bassissimo valore del CPC (es. 1c) in modo tale che:

1) Non verra' mai cliccata.
2) Non spenderai denaro
3) Esisti sempre nellADRank

Poi quando riterrai di dover fare ripartire l'annuncio sarà sufficiente impostare il prezzo del click ai livelli minimi richiesti da Google.

CTR

(CTR = Rapporto tra n. di visualizzazioni e n. di persone che effettivamente decidono di cliccarci sopra)

- E' il pilastro del sistema.
- Incide per circa il 40%.

Misura la quantità di persone che cliccano sul tuo annuncio.

Google guadagna sui click, quindi se nessuno clicca il tuo annuncio dopo un po' di volte il tuo annuncio viene estromesso.

Il minimo è 0,1%.

Maggiori sono i CTR e minore è il costo della campagna

Il CTR minimo per essere presi in considerazione da Google è tra lo 0,40-0,60%.

Quindi come hai potuto vedere Google premia, abbassando il valore del click, quando vede che e' più cliccato dagli utenti.

HKP, RKA e CPL

HKP

Incide per il 25%.

E' la performance storica delle keywords.

Maggiore e' il HKP e maggiore deve essere il CTR.

RKA

Incide per il 15%.

La parola chiave e' presente nell'annuncio? Almeno deve essere ripetuta 2 o 3 volte. Poi dove e' posizionata (Titolo, sottotitolo, ecc.)

Più la tua parola chiave e' presente e rilevata nel tuo annuncio (RKA) più alta sarà la posizione in classifica.

CPL

Incide per il 15%.

E' molto importante che l'annuncio punti direttamente alla pagina del prodotto evitando di passare per altre pagine come la Home.

Tasso di conversione.

Il tasso di conversione corrisponde alla percentuale di quanti hanno acquistato il prodotto sulla base di coloro i quali hanno cliccato sull'annuncio o come riportato sul sito di Google.

"Si verifica una conversione nel momento in cui un utente fa clic sul tuo annuncio e successivamente intraprende un'azione che hai definito come importante per la tua attività, ad esempio un acquisto online o una chiamata da cellulare alla tua sede commerciale".

Questo e' un'altro fattore importante per capire il successo di una campagna pubblicitaria.

Uno degli aspetti a cui Google da molta importanza consiste nel riconoscere quali dei siti cliccati hanno poi portato ad un buon livello di tasso di conversione.

Google non può sapere se tu hai inserito delle parole di ricerca molto utilizzate sul web e poi invece hai un prodotto o servizio che non corrisponde alla ricerca.

Molti potrebbero utilizzare come keywords delle parole per le quali le persone sono interessate alla ricerca sul web al solo scopo di fare accedere un utente al proprio annuncio anche se poi il contenuto dell'annuncio non ha nulla a che fare con gli elementi della ricerca.

<u>Solitamente per prodotti web il tasso di conversione è al massimo 1%.</u>

Focal point del sito web.

E' molto importante che l'utente possa trovare quello che cerca e l'utilizzo delle parole chiave e' alla base di questo sistema, ma non solo, e' altresì importante che l'utente sia indirizzato immediatamente sulla pagina a cui e' interessato.

Google non fa nessuna discriminazione se il sito e' di una sola pagina o invece composto da più pagine. In genere i siti di una sola pagina non distraggono l'utente. Sono siti focalizzati su un determinato prodotto o servizio e in questi casi l'utente o compra o non compra.

Creare una campagna con Adwords.

Non e' intenzione di questo libro sostituirsi a testi più aggiornati e più tecnici nella trattazione dei specifici passi da compiere per realizzare una campagna pubblicitaria su Google. Mi concentrerò invece su quelli che sono i piccoli trucchi che, se ben utilizzati, potranno farti risparmiare tempo e denaro.

Elementi utili per impostare una campagna AdWords.

Definire un budget.
Per realizzare una campagna AdWords è bene definire il prima possibile quanto si vuole spendere e poi:

1) **Fissare un budget giornaliero** (anche se vi sono anche altre possibilità di fissare un tipo di budget temporale consiglio di partire con un budget giornaliero per tenere tutto sotto controllo, almeno all'inizio). In sostanza per la mia campagna voglio spendere al massimo ....€ al giorno.

2) **Tenere il CPC basso**, 5 o 10 centesimi per click. Google stabilisce una classifica anche sulla base di quanto guadagna dal tuo annuncio. Ma come vedremo, nel prosieguo del libro, alla sezione "Strategie di keywords marketing", conviene partire con una

impostazione di prezzo basso per le keywords.

Pagamenti.

Ci sono 2 categorie di pagamenti:

1) **Pagamento Anticipato**. Verrà utilizzato l'importo fino al suo esaurimento.

2) **Pagamento Posticipato**. Il sistema provvederà ad effettuare i pagamenti in base a tempi costanti a seconda dell'utilizzo dell'account.

Decidi tu come meglio credi possa essere il pagamento, non vi sono particolari accorgimenti che possano fare la differenza.

Impostazioni demografiche avanzate.

Il valore di una campagna promozionale risiede nella sua capacita di aderire al miglior cliente potenziale possibile.

Quindi una maggior definizione demografica della campagna porta a maggiori soddisfazioni in termini di risultati.

Maggiore e' la focalizzazione del tuo annuncio sui target di utenza specifici, minore e' il costo della campagna e maggiore potranno essere i risultati.

Preferenze di posizione e distribuzione.

E' bene non cercare di posizionarsi al Top ma di cercare un posizionamento mediano.

Esistono 2 tipologie di distribuzione degli annunci:

1) **Posizione Standard**. Utile per budget ridotti. AdWords fa in modo di non utilizzare tutto il budget nelle prime ore della giornata.

2) **Posizione Rapida**. Viceversa. Pianificazione temporale con

l'inserimento delle date di inizio e di fine della campagna

I circuiti per una campagna promozionale.

Esistono 3 circuiti sui quali far visualizzare le proprie inserzioni:

1) Rete di ricerca Google.
2) Siti web associati a Google tramite il programma ADSense.
3) I contenuti per cellulari.

Sarebbe opportuno creare una campagna specifica per ogni circuito o scegliere dove focalizzare il proprio interesse.

Se non si esprime una scelta AdWords si dirige in maniera automatica verso tutti e 3 circuiti contemporaneamente.

Personalmente io scelgo di operare solamente sulle reti di ricerca di Google tralasciando il resto.

Strategie di marketing

Vi sono 2 tipi di strategie da attuare nella propria campagna di marketing:

1) **Aggressiva**. Si Inseriscono un numero elevato di keywords a scapito del CTR. Molto oneroso in quanto vi e' un numero elevato di keywords ma anche perché con un CTR basso il prezzo del keywords tende ad aumentare.

2) **Difensiva**. Si inseriscono delle singole keywords legate specificatamente all'annuncio. Quest'ultimo atteggiamento e' consigliato per una campagna con una area temporale di medio/ lungo periodo. Si parte con poche keywords per poi inserire gradualmente altri blocchi di 4 o 5 parole chiave e contestualmente verificare quelle che funzionano e quelle no.

Per definire le parole chiave da utilizzare ci si avvale di: "Strumento di pianificazione delle parole chiave" di AdWords.

In questa particolare sezione e' possibile analizzare il valore sia in termini economici (costo per click) sia in termini quantitativi delle parole chiave che vogliamo scegliere per la campagna da realizzare.

Bisogna fare molta attenzione a come si scelgono le keywords, nella parte che segue "Strategie di keywords marketing" troverai gli elementi che ti permetteranno di fare delle scelte oculate in merito alla keywords.

Strategie di keywords marketing.

Questa sezione tratta di come scegliere le varie keywords, nelle sue regole e modalità di selezione.

Regola n. 1

Puntare sulla qualità piuttosto che sulla quantità delle parole chiave.

Un basso CTR aumenta i costi della campagna.

Quando pensi a quale parola chiave utilizzare mettiti nei panni del potenziale utente che e' alla ricerca di qualche informazione sul web, immedesimati in lui, e prova a capire come egli possa agire. Così devi fare tu.

Quindi:

- Eliminare le parole troppo vaghe e generiche.
- Immedesimarsi nei vostri clienti per capire come cercherebbero il vostro prodotto.
- Concentrarsi non solo sulle parole chiave ma anche sulle Keyphrase (insieme di 2 o 3 keywords).
- Pensare anche ai sinonimi delle parole chiave principali così da poter coprire un ampio spettro di ricerca da parte del potenziale

cliente.
- Le parole chiave uniche sono spesso troppo generiche.

Corrispondenza delle keywords.

La corrispondenza delle parole chiave e' molto importante per poter meglio indirizzare ed utilizzare il proprio budget. Vi sono quattro tipi di corrispondenza:

1) Corrispondenza Generica
2) Corrispondenza Frase
3) Corrispondenza Esatta
4) Corrispondenza Inversa

Corrispondenza "Generica" xxxx

E' l'impostazione standard, ed è utile per raccogliere un'audience piuttosto vasta.

Esempio: se inseriamo il termini CASA, AdWords troverà:

CASE, CASA MARE, CASA MONTAGNA, ecc.

Corrispondenza "A Frase" "xxx"

In questo caso gli annunci verranno pubblicati solo quando i navigatori ricercheranno la parola chiave o frase nell'esatta sequenza inserita.

Esempio: se inseriamo "MONTAGNA CASA"

In questo caso l'annuncio comparirà solamente nell'ordine in cui e' stato rappresentato.

Per segnalare a Google che la parola chiave o frase deve essere considerata con corrispondenza è necessario inserirla tra le virgolette.

Corrispondenza Esatta [xxx].

Questa corrispondenza permette di far apparire gli annunci pubblicitari esclusivamente per una, e solamente una parola chiave, quella selezionata.

In questo modo però l'audience si restringe enormemente.

L'idea è quindi di utilizzare questo parametro insieme allo stesso termine generico.

Es. CASA MONTAGNA e [CASA MONTAGNA].

<u>Per segnalare a Google che la parola chiave o frase deve essere considerata con corrispondenza è necessario inserirla tra due parentesi quadre.</u>

Corrispondenza Inversa – xxx.

Serve per impedire la visualizzazione dei vostri annunci in quelle situazioni che non comporterebbero visite o contatti utili.

Mettendo un segno – si bloccherà la relativa visualizzazione degli annunci

Questi 4 parametri, quando utilizzati correttamente, costituiranno un aspetto fondamentale di AdWords.

Dopo i primi giorni della campagna si vedranno le parole che funzionano e quelle che non funzionano. Attraverso AdWords dovrai tenere monitorato l'andamento delle parole chiave per capire quale parola, o quale tipo di corrispondenza, funziona meglio rispetto alle altre.

Quando utilizzare la Campagna AdWords

Questo libro non parla solamente di come farsi trovare sul web creando una campagna pubblicitaria a pagamento, ma parla anche di come farsi trovare dagli utenti in maniera organica (gratuita per intenderci meglio). Allora perché mai se ho la possibilità di non pagare per farmi trovare devo spendere soldi per farmi della pubblicità?

La domanda e' legittima e di seguito cerco di darti qualche informazione in più.

La differenza sostanziale tra le due modalità di promozione risiede nella velocità. Con il sistema organico occorre molto tempo per fare in modo che il proprio annuncio sia visibile ad una potenziale clientela, quindi per chi ha l'esigenza di essere visibile quasi immediatamente e' meglio realizzare una campagna pubblicitaria a pagamento.

Da ciò ne consegue che la pubblicità su AdWords e' più indicata per:
1) I siti che non hanno ancora avuto un posizionamento soddisfacente nella SERP
2) I siti che hanno necessita di promuovere un prodotto o servizio.
3) I siti che devono vendere dei prodotti stagionali e che, per un

limitato periodo di tempo, stagionale appunto, cercano di promuovere il proprio prodotto con una campagna pubblicitaria a pagamento

Lascio per ultimo una parte molto particolare e importante per la quale conviene realizzare una campagna promozionale con Google AdWords, e cioè quella di cui tratterò nel paragrafo successivo: la validazione.

Validazione con AdWords

Uno degli aspetti principali ai quali do' una notevole importanza ad AdWords consiste nella possibilità di validare il progetto economico.

Validare significa verificare, testare, un prodotto per:

- Verificarne gli interessamenti. A quante persone realmente interessa quello che faccio?
- Raccogliere email per una successiva campagna di email marketing. Per ottenere la cosiddetta "Lead Generation".
- Verificare la validità di un tipo di annuncio rispetto ad un altro, con il cosiddetto A/B Test, utilizzando delle apposite landing page.
- Testare in quale zona vi possano essere i maggiori interessi per poi concentrarvisi con una campagna maggiormente focalizzata, magari anche offline.

Ciascuno di questi aspetti merita una trattazione a parte, quello che mi interessa di più e' portare in evidenza come la campagna AdWords possa essere considerata da un imprenditore come il primo passo per verificare se il proprio progetto imprenditoriale possa avere un riscontro di pubblico o come si possano prendere dei correttivi nell'impostazione del lancio del prodotto.

Per questo fattore ritengo che per un imprenditore di oggi AdWords rappresenti l'aspetto principale per evitare errori e dissipazione di energie economiche e perdite di tempo.

Non ci si può permettere di perdere tempo e denaro per un progetto che non ha possibilità di successo, Google AdWords e' uno strumento che permette di evitare di dissipare queste due preziosissime risorse.

Con Google AdWords puoi avere un riscontro praticamente immediato sulle potenzialità che il tuo progetto economico può avere, a differenza del posizionamento organico che richiede molto tempo prima che possa essere notato dalla rete, con AdWords questo lo riesci ad ottenere in maniera praticamente immediata, e dopo solo pochi giorni puoi avere una idea del grado di interesse che può suscitare il tuo progetto economico.

E' importante quindi definire un budget di spesa nella ricerca delle parole chiave e della durata necessaria per verificare il grado del potenziale interesse della possibile clientela.

Come vedi AdWords non e' solo da intendere come pure semplice campagna pubblicitaria, ma anche e soprattutto come strumento per testare il potenziale interesse ed individuare una potenziale nicchia di clientela.

SEO

Introduzione al SEO

Se con il SEM abbiamo visto in che modo e' possibile farsi trovare, attraverso la pubblicità a pagamento, da un potenziale cliente ora vediamo come utilizzare Google come motore di ricerca per i potenziali clienti.

Alla base del SEO (Serach Engineering Optimization) vi sono i concetti base visti prima come la scelta delle keywords, ma non solo, e' importante capire che Google utilizza dei particolare algoritmi per definire la qualità dei siti in modo tale da proporre sempre all'utente il miglior risultato della ricerca.

Entrano in gioco anche altri fattori che man mano, nel prosieguo di questo libro, analizzeremo insieme.

Principalmente possiamo suddividere gli interventi di ottimizzazione del sito in due categorie:
1) On Page Optimization
2) Off Page Optimization

Gli argomenti che principalmente dovranno essere tenuti in considerazione sono soprattutto gli interventi sulla composizione della pagina web, landing page o altre pagine di promozioni, che chiameremo "On Page Optimization", ed attività che non sono direttamente correlate ad pagina in particolare, ma che si afferiscono ad azioni da svolgere al di fuori del sito o pagina web, questa attività prende il nome di "Off Page Optimization".

Questi due elementi sono di fondamentale importanza dal punto di vista del SEO, ma non sono gli unici da tenere in considerazione.

E' molto importante ricordare che la ricerca, definita organica, rappresenta il 70% delle visualizzazioni sul web ed e' quindi molto importante concedergli una grande importanza.

Al contrario del SEM per ottenere i risultati in maniera organica occorre del tempo, Google non e' in grado di notare immediatamente il sito ed e' difficile scalare le classiche della SERP (Il termine SERP è l'abbreviazione inglese di **S**earch **E**ngine **R**esults **P**age, cioè la pagina dei risultati del motore di ricerca) in maniera rapida.

La Page Rank

Così come per il SEM esiste una AD Rank, per il SEO, cioè per le ricerche organiche, esiste la cosiddetta Page Rank, derivante dal nome del suo creatore nonché co-fondatore di Google Larry Page.

Lo scopo della Page Rank (il primo e più importante algoritmo di Google) consiste nel determinare come e che cosa inserire nelle prime pagine, e nelle posizioni più alte delle pagine, tra quei siti che più incontrano le ricerche dell'utenza.

Ovviamente maggiore e' il risultato ottenuto dall'algoritmo Page Rank e maggiore e' la visibilità che il tuo sito o pagina web avrà nei risultati di ricerca; maggiore e' la posizione nella SERP e maggiore sarà il traffico e quindi maggiori saranno i potenziali clienti.

Per conoscere come Google determina il posizionamento sulla SERP esistono diversi algoritmi oltre al Page Rank, che di volta in volta vengono aggiornati al corso dei tempi. Ovviamente nessuno sa, come per l'AD Rank, quali siano i reali pesi dei componenti delle formule. In sostanza, utilizzando come metafora una ricetta culinaria, si possono prevedere gli ingredienti in linea generale, ma non come questi siano tra loro amalgamati ed in quale quantità, "peso", possano produrre gli effetti desiderati.

Pertanto ciò che seguirà e' di quanto più verosimile affinché sia utile per posizionare il tuo sito nelle prime pagine e nella posizione più elevata della SERP.

Nelle prossime pagine di questo capitolo riporto quelli che sono gli elementi, ingredienti, principali necessari per posizionare il tuo sito ai livelli più alti.

On Page Optimization

Con On Page Optimization intendiamo tutte quelle attività che intervengono **all'interno di una sito o pagina web** perché possano essere in grado di essere posizionati nel più alto livello di ranking.

Vediamo di seguito quelli che sono i principali "ingredienti" della ricetta di Google.

Il content

Il più importante aspetto da tenere in considerazione e' il contenuto (content per gli americani). La prima cosa a cui Google volge la sua attenzione e' il tipo di contenuto della pagina web.

Avere i contenuti che la gente cerca, vuole, che siano originali e di qualità, e' il fattore principale.

Ricorda: prima di tutto avere un testo avvincente e poi ottimizzare la pagina con gli altri ingredienti.

keywords research (ricerca delle parole chiave).

Il secondo fattore che aiuta a posizionarsi nella pagina di Google sono le keywords. Ogni parola ha un diverso ranking di importanza.

Utilizzare keywords importanti ed attinenti al contenuto e' di straordinaria importanza. Google utilizza degli algoritmi apposta per determinare se le parole chiave utilizzate sono attinenti con il contenuto del sito web. In epoche passate molti SEO inserivano delle keywords che avevano un certo appeal all'interno di contenuti per i quali pero' non vi era alcun tipo di corrispondenza.

Lo strumento per poter valutare le keywords e' il keyword planner (sezione "Strumenti") di Google Adwords.

Collegandosi in Google AdVwords e' possibile inserire le proprie parole chiave e vedere la stima di potenziali click (il potenziale interessamento dal parte dell'utente), non solo, Google stima anche il costo per singolo click così da potersi fare una idea del budget potenziale in caso di pubblicità a pagamento.

Comprendere le intenzione di ricerca.

Ci sono tre modi per i quali le persone ricercano qualcosa sul web

1) **Navigational Queries**. Rappresenta la maggior quantità di ricerca sul web (90% circa) e consiste in tutte quelle ricerche che le persone fanno per collegarsi direttamente su un sito che già conoscono, per effettuare un Login.

2) **Informational Queries**. E' quando l'utente ricerca delle informazioni che non sono necessariamente commerciali ma solo a titolo informativo.

3) **Commercial Research Queries**. Corrisponde a quelle ricerche che l'utente compie con uno scopo commerciale, le keywords appartenenti a questa categoria di ricerca sono sempre le più competitive.

Nella ricerca delle keywords questo e' un fattore da tenere nella giusta considerazione.

Title Tag.

E' ittiolo dell'annuncio che comparare su Google.

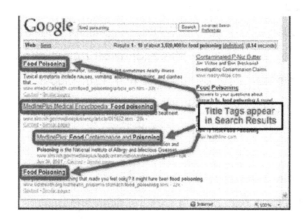

Il Title Tag e' un altro elemento principale per ottimizzare la pagina. E' la prima riga che si trova in una ricerca su Google.

Deve essere lunga circa 65 caratteri e deve essere unica per ogni pagina del sito.

Meta Description Tag.

E' il testo dell'annuncio che compare su Google.

Le Meta Description devono essere lunghe al massimo 165 caratteri, le principali keywords devono essere inserite nella Meta Descriptio.

E' oramai assodato che la Meta Descriptio non impatta sul ranking, ma può significativamente alterare il CTR in una campagna pubblicitaria AdWords.

Heading Tags (H1).

Ogni pagina ha il titolo di testa, le principali keywords devono essere presente almeno una volta nel titolo di testa in gergo chiamato "H1".

Attualmente il peso che ne deriva dall'H1 sembra avere ora meno rilevanza di un tempo sul ranking ma rimane ancora un elemento molto importante per il posizionamento.

La Heading Tags e' inoltre di fondamentale importanza a livello comunicativo; e' l'equivalente del titolo di un articolo di giornale, deve poter attirare da sola l'attenzione del visitatore e portarlo a compiere l'azione di proseguire la lettura della pagina.

Body Copy.

E' il testo, il content, della pagina web, e' lo scopo per il quale il sito web esiste.

Riempire la pagina di keywords appartiene alla vecchia scuola. Una volta i SEO infatti riempivano le pagine con le parole chiave in modo da farsi trovare da un maggior numero di utenti, col tempo Google ha capito questo atteggiamento truffaldino ed ha modificato gli algoritmi affinché riconosca quando qualcuno crea content con il solo scopo di inserire delle keywords.

Ricorda: la densità di keywords usata per ogni pagina deve essere contenuta in 2 o 3 per ogni pagina, piuttosto e' molto meglio inserire dei sinonimi delle keywords principali.

Altro elemento utile quando si creando le pagine web consiste nel predeterminare il numero di parole la cui pagina deve essere composta.

Ricorda: le parole per ogni pagina devono essere all'incirca 100 per pagina.

ALT Tag.

Siccome Google non può vedere le immagini inserite nelle pagine web per capirne l'attinenza usa un particolare browser, ALT Tag, per identificare le immagini e il nome del file.

Ricorda: le immagini sono una componente dell'ottimizzazione, non bisogna pero' inserirvi le keywords ma invece e' bene inserire titoli, nomi, ecc. che facciano riferimento al sito o al prodotto del sito.

Internal Link

I link interni indicano tutti quei link che portano ad altre pagine del sito, per un miglior posizionamento questi link devono avere degli url il più corti e semplici possibili.

Anche in questo caso Google premia la semplicità, quindi non denominare le pagine con nomi lunghi, ciò che e' complicato alla lettura lo e' anche a livello comunicativo e lo e' anche per Google.

Importanza dei sinonimi.

Google per analizzare il ranking tiene in considerazione anche i sinonimi delle parole chiave.

Una volta individuate le parole chiave e' bene trovare alcuni sinonimi delle parole chiave scelte, in questo modo si può ovviare alla prassi vecchia maniera di infarcire le pagine con delle keywords.

Ricorda: <u>Google apprezza l'uso dei sinonimi in quanto migliorano le possibilità' dell'utenza di trovare quello che cerca</u>.

Off Page Optimization

Questa sezione rappresenta una parte importante per l'ottimizzazione della pagina web e si caratterizza da un aspetto più sociologico che informatico. Fa riferimento ai collegamenti che il tuo sito ha nei confronti di altri siti.

In sostanza lo si può paragonare al network di conoscenza che una persona possiede, maggiori sono le altre persone che conosci e maggiori sono le opportunità di successo, migliori, e maggiormente influenti, sono le persone che conosci e migliore e' la tua reputazione.

Questo sistema di links e' alla base del successo di Google ed e' presente sin dalle sue origine, quando fu presentato dai suoi fondatori a Stanford.

E' molto probabile che nel determinare la Page Rank la maggiore importanza venga data alla qualità del links piuttosto che alla quantità.

Per il posizionamento contano molto i links ed il testo dei links ad esso collegato.

Quattro semplici regole per costruire i Links.

1) Ottieni Links da chi ha affinità simili alle tue (competitors compresi).

2) Non collegarti a spam o da chi ha cattivi contenuti.

3) Concedi Links da chi ha affinità simili alle tue (competitors compresi).

4) Rifiuta Links da spam o da chi ha cattivi contenuti.

Da queste regole si capisce una cosa, che non e' molto importante se tu ospiti un link o sei invece tu ad essere ospitato come link da un altro sito. Il fattore importante e' la qualità del links.

Questo vale anche se i link ai quali sei collegato sono quelle di tuoi competitore a patto che siano di ranking elevato ed appartenenti al tuo stesso settore.

Tattica nella costruzione dei links.

Una delle più importanti cose da conoscere nel creare i links consiste nell'evitare dei momenti di picco alteranti a dei momenti di bassa frequenza.

La regola generale consiste nel partire piccolo, crescere gradualmente e mantenere un andamento normale.

Diversamente Google ritiene le curve altalenanti o partenze a razzo come qualcosa di artificioso, falso e penalizzerà la graduatoria della tua pagina web.

Altri elementi di ottimizzazione

Fondamenti tecnici e Struttura dell'URL.

La semplicità di un sito web, la velocità di apertura, URL brevi sono fattori che incidono sul posizionamento nella SERP. Questo perché l'utente preferisce i siti ai quali si collega velocemente, che hanno dei nomi brevi, che riescono a portarti immediatamente nella pagina voluta.

Ricorda: ciò che va bene per la ricerca degli utenti va bene anche per Google.

Anzianità del dominio.

L'eta di un dominio e' importante per il SEO, ma non così importante per determinarne la posizione nel ranking, pertanto anche un sito relativamente giovane non deve preoccuparsi per la sua eta.

Duplicazione del content.

Google non gradisce la duplicazione dei content, perché si mette nei panni dell'utente e pensa che duplicare le cose sia un modo per creare della confusione e delle incertezze all'utenza.

Exact Match Domains.

Con il termine Exact Match Domains si intende quando il nome del tuo dominio corrisponde alle tue principali keywords. Come abbiamo già visto e' importante per Google che le keywords siano attinenti al contenuto del content, ed il titolo della pagina deve rispecchiare il contenuto attraverso le keywords.

Strumenti di analisi e Metriche

Strumenti per ricercare e valutare le KeyWords

Senza entrare nello specifico, perché e' molto più semplice iniziare ad applicare che descrivere come fare, riporto di seguito i percorsi necessari per ricercare e valutare le keywords.

Come già accennato lo strumento principale per la determinazione delle Keywords ce lo fornisce Google stessa con due applicazioni:

1) **Google Trend**. Con questa applicazione e' possibile vedere, tra una gamma di parole chiave, quella che più e' ricercata dalla utenza. E' possibile inserire diverse parole contemporaneamente così da fare una comparazione tra di loro. E' inoltre possibile "sezionare" le zone geografiche al fine di verificare dove le parole scelte hanno una maggiore diffusione.

2) **Google Adwords (sezione strumenti)**. Qui e' non solo possibile vedere il costo per le parole, utile per predeterminare il budget di una campagna, ma e' anche possibile farsi suggerire delle idee per ulteriori parole chiave. Basta selezionare l'etichetta "Idee per le parole chiave" e ti verra' mostrata tutta una serie di keywords con relative dimensioni di ricerca e prezzi.

Tenere tutto sotto controllo

A questo punto possiedi gli elementi per scegliere se per promuovere il tuo sito hai bisogno di creare una campagna AdWords oppure scegliere di seguire i dettami SEO, oppure ancora, di scegliere entrambi i metodi.

Quello che ti occorre ora e' di verificare la riuscita o meno di quanto impostato, sia per vedere se riesci a stare entro i limiti di budget, nel caso di una campagna pubblicitaria con AdWords, sia per vedere come e' il posizionamento nella SERP del tuo sito.

Questo e' doppiamente utile anche per prendere dei correttivi e modificare campagna pubblicitaria o intraprendere altre azioni.

Per monitorare e tenere tutto sotto controllo esistono dei servizi gratuiti molto importanti ed anche molto professionali.

Se non sei in grado di impostarli da solo, o di collegarli alla tua pagina web, ti consiglio di farti aiutare dal tuo webmaster. Le prime volte lo troverai un po difficoltoso, ma col tempo migliorerai, almeno per le metriche principali che vedremo di seguito.

Nel prossimo paragrafo analizzerò quelli che sono i principali strumenti per monitorare l'andamento ed il posizionamento del tuo sito.

Google AdWords e metriche

Lo strumento.

Google AdWords e' l'elemento principale per tenere sotto controllo la tua campagna pubblicitaria a pagamento su Google.

In linea generale non e' molto complicato da utilizzare, esistono moltissimi libri specifici se vuoi approfondirne l'uso, meglio se utilizzi il tutor che la stessa Google mette a disposizione gratuitamente.

Il mio consiglio e' di iniziare, come ho fatto io, partendo ed applicare subito quanto questo manuale riporta iniziando con una campagna pubblicitaria minima, impostando il tuo budget a pochi euro, poi, un poco alla volta, imparerai facendo test, tentativi ed errori. Bastano veramente pochi euro per essere operativi.

Le Metriche.

Detto semplicemente per una campagna pubblicitaria le metriche non sono molte, le principali da tenere presente sono:

- **Impressioni.** Il numero di visualizzazioni delle pagine del tuo sito nei risultati di ricerca.
- **Clic.** Il numero di clic effettuati sulla voce del tuo sito nei risultati di ricerca in relazione a una query specifica.

- **CTR**. La percentuale di impressioni che hanno portato a un clic per accedere al tuo sito.
- **Posizione media.** La posizione media più elevata del tuo sito nella pagina dei risultati di ricerca in relazione alla query in questione.

In tutti i casi i valori delle metriche di cui sopra devono essere i più alti possibile. Maggiori sono i valori e maggiore e' il successo del tuo annuncio.

Google Analytics e metriche

Lo strumento.

Questo e' un altro strumento potentissimo che Google mette a disposizione dei SEO al quale e' anche possibile collegare AdWords in caso di campagna pubblicitaria. Come con AdWords esisto corsi, libri, articoli che insegnano, danno consigli su come gestire il proprio sito, come sempre il mio consiglio consiste nel dedicare un minimo di tempo per applicare subito questo libro mettendo in pratica le informazioni apprese, poi col tempo potrai approfondire, con già una minima base di conoscenza ed esperienza.

Le Metriche.

Anche qui per verificare il successo del tuo sito dovrai prendere a riferimento alcune metriche, ti consiglio di utilizzarne poche, soprattutto all'inizio, esistono molti modi per verificare l'efficacia di un sito soprattutto a seconda di ciò che si vuole monitorare, ma e' meglio "partire piccoli" con quelli che sono le metriche principali quali:

- **Pagine per visita**: il dato indica il numero di pagine visualizzate mediamente per ogni visita di un utente. Maggiore sono le pagine visualizzate dall'utente e maggiore e' l'interesse che l'utente mostra per il sito.

- **Durata media della visita**: e' il tempo che un utente trascorre all'interno del nostro sito web. Ovviamente maggiore e' il tempo e maggiore e' l'interesse dell'utente.

- **Frequenza di rimbalzo**: tale frequenza, indica la percentuale di utenti che non vanno oltre la prima pagina di visita del sito. E' come dire che la gente passa davanti ad una vetrina di un negozio girando la testa per guardare senza pero' fermarsi a vedere la merce in esposizione. Questo è un dato molto dibattuto tra gli esperti ma sempre significa che <u>un'alta percentuale di rimbalzo dimostra poco interesse per l'utent</u>e.

Ricapitolando, possiamo dire che più elevati saranno i dati di "Pagine/ Visita" e "Durata media visita", e minore sarà la"Frequenza di rimbalzo", migliore sarà l'interazione degli utenti con il sito web e migliore sarà il posizionamento che Google ti farà avere nella SERP.

Statcounter

Ho lasciato per ultimo questo altro strumento di analisi perché secondo me ha degli aspetti molto interessanti.

Ho imparato della sua conoscenza dal guru del marketing Derek Halpern che lo consiglia al posto di Google Analytics in quanto, oltre essere gratuito come gli altri del resto, ha il pregio di essere di una semplicità immediata, non occorrono manuali ed offre tutte le caratteristiche importanti delle analisi come "Pagine visitate", Utenti Unici", Utenti di ritorno" ecc.

Ha inoltre un altro vantaggio nei confronti di Google Analytics, non e' affetto dai cosiddetti Botspam, altro non sono che degli spam che, creando delle visite artificiali, falsificano le metriche.

Per utilizzarlo ti sarà sufficiente collegarti al sito www.statcounter.com

Questa e' veramente una chicca che darà a chiunque gli strumenti fondamentali per analizzare il successo della propria attività sul web.

Conclusioni

Conoscere come il SEM e SEO operano e' importante non solo riferito a Google, infatti questo sistema e' più o meno adottato anche da altre piattaforme: YouTube, opera in maniera analoga, Amazon ha un sistema pubblicitario PPC (Pay Per Click) simile, Facebook ha un sistema un leggermente diverso, e poi altri ce ne sono ed altri ne verranno.

Una volta appreso questo meccanismo ti sarà molto più semplice e familiare replicarlo su altre piattaforme che operano sulla rete.

Il punto fondamenta al quale porre l'attenzione consiste nel comprendere che sul web esistono tonnellate di informazioni con milioni di utenti in cerca di risposte, le piattaforme sono tante ma il concetto e' sempre quello: capire come l'utente agisce nella ricerca di informazioni e quali sono gli "ingredienti" che il sistema richiede per il posizionamento del tuo annuncio o sito.

Ricapitolando, brevemente, i fattori principali per fare in modo che il tuo servizio e prodotto possa essere posizionato nelle prime posizioni sono:

- Il contenuto;

- Le parole chiave;
- I collegamenti con altri siti simili e di qualità;
- La semplicità delle pagine web e la loro velocità di apertura e navigazione.

Questo a prescindere sia che tu lo applichi ad una campagna pubblicitaria, sia che tu lo applichi ad una impostazione organica.

Note riguardo l'autore

Classe 1965 vivo e lavoro in Italia, sono interessato a tutti quegli aspetti che migliorano la vita personale e professionale. Di questi aspetti cerco il meglio di quello che si può trovare nel mondo , li applico, li esperimento, li adatto alla mia vita e ve li ripropongo in una veste che racchiude insieme la sintesi teorica e la pratica sul campo.

Sono fautore di un libro di "azione" che permetta al lettore di apprendere i concetti base in modo tale da poterli applicare immediatamente, o elaborarne di nuovi, e verificarne gli effetti il più velocemente possibile.

Ho pubblicato inoltre su Amazon altri titoli che potrete trovare su Amazon Author Central

Il passaparola e' un aspetto cruciale per il successo di chiunque. Se ti ritieni soddisfatto di questo mio libro prendi in considerazione di lasciarmi una revisione su Amazon con un feedback positivo. Bastano anche solo una o due righe di commento, mi potrebbe essere di grande aiuto.

Nel salutarti e ringraziarti per avere acquistato questo mio libro ti ricordo che puoi anche seguirmi su Twitter, oppure sul Blog Amazon Author Central oppure, ancora, su LinkedIn.

Oppure puoi anche inviarmi una mail al mio indirizzo marcobissi@alice.it con la quale ti porterò' a conoscenza di altre pubblicazioni di questo genere.

Grazie, Marco Bissi.

www.ingramcontent.com/pod-product-compliance
Lightning Source LLC
Chambersburg PA
CBHW070859070326
40690CB00009B/1917